# प्रयास

प्र - प्रारंभिक ,या - यात्रा, स - साहस, सोच और साहित्य की

Ritu Barki

BookLeaf Publishing
India | USA | UK

Made with ❤ on the BookLeaf Publishing Platform
www.bookleafpub.in
www.bookleafpub.com

# Dedication

इस पुस्तक को लिखने का मकसद एक आम स्त्री की तरफ से किया गया छोटा सा प्रयास है। प्रयास अर्थात कोशिश , प्रयास मेरी कविताओं का एक छोटा सा संकलन है। जिसमें मैने कोशिश की है कि मैं हर रस को सामने ला सकूं। छंद बद्ध और छंद मुक्त, मानव जीवन के कुछ पहलुओं को सामने लाने का मेरा एक छोटा सा प्रयास। एक प्रारंभिक यात्रा मेरे साहस, सोच और साहित्य की जिसे मैं सत्य और संतोष के साथ हर उस स्त्री को समर्पित करती हूं ,जो कुछ करना चाहती है मगर कर नहीं पाती है। उम्मीद करती हूं कि जज़्बात,आईना और बुने हुए ख्वाब की तरह ही इसे भी आपका आशीर्वाद और प्यार मिलेगा।

# Preface

इस पुस्तक में आप कहीं न कहीं खुद को संबंधित पाएंगे। कहीं आप स्वयं को स्वयं से प्रश्न पूछते नजर आएंगे तो कहीं राष्ट हित और सामाजिक मुद्दों में । कहीं मातृ भाषा का सम्मान करते तो कहीं हंसी ठिठोली करते पाएंगे। प्रयत्न किया है कि आपको इन रचनाओं में नव रस में से कुछ रस अवश्य मिल जायेंगे जो आपके मन मस्तिष्क को छू लेंगे।

# Acknowledgements

मेरी हर पुस्तक के लिए मैं अपने गुरु, अपने माता पिता और मेरे जीवन में आए हुए हर उस व्यक्ति की आभारी हूं जिसकी वजह से मुझे सबक मिले। अच्छे या बुरे जो भी सबक मिले उनकी वजह से मेरी जिंदगी में बहुत सारे परिवर्तन आए। किंतु मैं उस ईश्वर की अति आभारी हूं कि उनकी असीम अनुकंपा के कारण मुझे ये अवसर मिला।

# 1. प्रयास

इक बार तो नजर उठा के देखो
सीमा तुम्हारी ,सर पे तुम्हारे खुला हुआ आकाश है।
गिर जाओ भले ही लाख बार , उठ फिर खड़े हो जाना ,
ये मत कहो कि कल करेंगे, आज तो अवकाश है।

नजर बदलो ,बदल जाएंगे नजारे भी, रात सदा गहरी काली नहीं
रहती, कभी तो देदीप्यामान प्रभास आयेगा।।
कभी कभी दूसरों को देख कर स्वयं की तुलना करते हैं हम,
पर अंतर्मन में कहीं तो रहता हमारे भी हमारी खूबियों का एहसास है।

स्वयं के लिए काफी हैं हम ,
इस बात का रहता हमें आभास है।
कोई भी कार्य पूर्णता तक तभी पहुंचता जब होता उसमें निरंतर
अभ्यास है।

शब्द दिल से निकले हैं तो दिल तक ही पहुंचेंगे, इस बात का पूरा
विश्वास है,
और प्रयत्न है इक प्रारंभिक यात्रा का जिसमें सोच, सत्य और साहस
हो,
बस इसी बात का ये संकलन इक छोटा सा प्रयास है।

# 2. आज का युग

आज के इस भौतिकतावादी युग में हर इंसान अकेला गुम है।
अपनी सोच में, काम के बोझ में , आगे निकलने की दौड़ में
और प्राथमिकता पाने की होड़ में।

कभी रोटी, कपड़ा और मकान यही प्राथमिकताएं हुआ करती थीं,
सच्चे मानवीय मूल्यों से भरे इंसान की वही विशिष्टताएं हुआ करती
थीं। युग बदला , भावनाएं बदल गईं , इस मानसिक स्थिति में सबकी
भावनाएं विह्वल गईं।।

पहले दस थे, बीस थे, एक छत के नीचे रहते थे,
किस्से कहानियां आपस में सांझा किया करते थे।
रोटी जो बनती थी, बांट लेते थे सभी प्यार से,
कोई रूठ भी जाता था तो मना लेते थे प्यार से।।

शिकवे शिकायतें तब भी हुआ करती थी,
तकरार भी हुआ करती थी कभी कभी किसी बात पर ,
पर मान भी जाते थे सब और इकट्ठा होते जो सब ,
तो आम दिन भी लगते त्योहार से थे।।

माना कि धन बढ़ गया है, पहले से कुछ गुना अब, पर सुकून खो गया

सबका, अब तो रिश्ते भी लगते चौमासे की बौछार से,
कभी कभी दूर बैठे लोगों को लिखा करते थे जब चिठ्ठियां,
हाल दिल का पूरा बयां हो जाता था, अब तो चार अक्षर भी लिखने
लगे अनुद्धार से।।

समय रहते संभल जाओ , स्वयं को साथी चुन लो अपने लिए
जियो खुल के, कि जिंदगी इक बार मिलती है
अन्यथा खो बैठोगे खुद को , दूसरों के साथ किए गए तुम्हारे स्वयं के
व्यवहार से।।

# 3. इक बार

इक बार ही सही मैं किसी के लिए काफी होना चाहती हूं,
हर बार यूं लगा कि खुद को साबित करना ही पड़ेगा मुझे।
कोई मुझको भी चाहे दिलो जान से उम्र भर के लिए,
सिर्फ उसी के लिए, हर चीज में मेरा बेहतरीन होना लाज़िम है।

बहुत कोशिशें की, मैने खुद को बेहतरीन बनाने की,
हर वक्त निर्माणाधीन ही रही मैं,
फिर भी सबके समक्ष अस्तित्वहीन ही रही मैं।

बहुत सोचा सर्वश्रेष्ठ बनाने की होड़ में , फिर भी स्वयं को बहुत पीछे पाया इस दौड़ में, कोई तो मुझे भी ऐसा चाहिए, जो मेरे कुछ न होने पर भी स्वीकार करे मुझे, कोई ऐसा जो मेरे अपूर्ण होने पर भी अंगीकार करे मुझे।

इक बार सिर्फ इसलिए चाहे मुझे कि मैं कोई और नहीं , सिर्फ मैं हूं। जो मुझे बदले न अपने हिसाब से, जिसको ये एहसास हो कि मेरा अपना भी इक वजूद है, जिसके लिए खुल जाऊं मैं भी कभी छंद मुक्त और कभी छंद बद्ध कविता की किताब सी।।

कोई तो ऐसा भी हो जिसको सिर्फ मेरी ही धुन हो और मुझे उसका

फितूर सा हो। कोई ऐसा जिसको पाने पे जितना नाज हो मुझको,
उसको भी मुझे पाने का उतना ही गुरूर सा हो।।

इक बार ही सही मैं किसी के लिए काफी होना चाहती हूं,
माना कि साधारण कपास सी हूं मैं, मगर उसके साथ से जिंदगी को
नर्म चादर बनाने वाली बाफ़ि होना चाहती हूं।।

{ बाफी = किसी चीज को जीवंत रंगों से सजाना}

# 4. पहचान

किसी ने पूछा कौन हो तुम,
हमने कहा तलाश जारी है।
किसी ने पूछा कैसे हो तुम, हमने हंस कर कहा
मरम्मत अभी जारी है।

किसी ने पूछा कहां हो तुम
हमने कहा ढूंढना कभी जारी है।
किसी ने पूछा क्या हो तुम
हमने कहा तहकीकात अभी जारी है।

कुछ चिढ़ कर, कुछ कुढ़ कर किसी ने कहा
क्या बात है हर बात पर जारी है, जारी है
कर रहे हो?

हमने कहा अधूरे हैं, जारी हैं तभी तो जिंदा हैं ।
अगर पता चल चुका होता तो कब के पूरे हो गए होते।।

# 5. जिंदगी

जरूरत भर का मालिक हरेक को देता है, परेशान है हर आदमी के बेइंतहा मिले, उम्र सारी गुजार देते हैं शोहरतें, दौलतें, तोहमतें इकट्ठा करते हुए हम, कभी निस्वार्थ भाव से कुछ करें तो दिल भी कुछ अंदर से खिले।।

खुद को अच्छा दूसरे को बुरा मान बैठे हैं , हर वक्त शब्दों का तराजू लिए, शब्दों के बान उन पर चलाने को तान बैठे हैं।
खुद पे आए तो सब उसूल धुआं हो जाते हैं।
और बात दूसरे की हो तो, उंगलियां उठ जाती हैं , तुरंत मसले खुद से उठकर रुआं हो जाते हैं।

मिले जो वक्त कभी तो सोचना ये बैठकर कि क्या वजह है
जो हम हर बात पे तूफान उठाए फिरते हैं।
मिले जो प्यार से उसको भी अपना रोब दाब दिखलाए मिलते हैं।
दो पल का भी भरोसा नहीं सांसों का यहां और हम हैं कि
जन्मों का सामान उठाए फिरते हैं।।

थोड़ी सी है जिंदगी कुछ प्यार से गुजार दो, मिले जो प्यार से उसको तो मिलो प्यार से ही, जो नफरत से मिले उसको भी तुम प्यार दो।
इक दिन ऐसा आयेगा जब सोचने पे दूसरा मजबूर हो जाएगा

रुके जो जिंदगी किसी की तो अपनी मुस्कुराहट थोड़ी सी उधार दो।

देखना जब शाम ढलेगी अपनी भी जिंदगी की, बहार आएगी कहीं से तभी, जब तक है सवेरा अपने पास किसी दूसरे की भी जिंदगी संवार दो।।

रुआं = बहुत छोटा

# 6. मेरी सोच

कई बार सोचती हूं इतने बड़े जहान में खुद को क्यों कमतर आंकती हूं
मैं?
क्यों दूसरों को देखकर खुद अपने ही आईने में खुद को झांकती हूं मैं
?

क्यों कुछ उधड़े, फटे पुराने पैबंद लगे रिश्तों को फिर से टांकती हूं मैं ?
हर बार परीक्षा देती हूं और फिर क्यों उनके दिए हुए परिणामों से खुद
को जांचती हूं मैं?

यथा संभव हर बार उनको मनोस्थिति को भांपती हूं मैं ।
पर फिर भी समाज की खींची हुई सीमा रेखा न लांघती हूं मैं।।

क्यों प्रश्नवाचक नजरों के देखने पे खुद से भागती हूं मैं
होंगे तुम शंखनाद से , मंदिर की आरती हूं मैं।
लौह पुरुष हो तुम अगर तो, मर्यादित व्यवहार साधती हूं मैं।
बलशाली भले हो तुम, पर पूरे परिवार को एक सूत्र में बांधती हूं मैं।।

तानों की, अपमानों की कड़वी प्याली नहीं अब पीना चाहती हूं मैं।
कि जिंदगी अब अपनी शर्तों पे जीना चाहती हूं मैं।।

# 7. कविता

कविताएं गढ़ी नहीं जाती हैं, कविताएं पढ़ी जाती हैं

जब किसी के प्रति प्रेम प्रदर्शित करना हो, जब किसी के मन को
अपने मनोभावों की अभिव्यक्ति से भरना हो, जब मन में अविरल
बहता एक प्रेम का झरना हो, जब हृदय में किसी को खोने का डर न
हो, तब कविताएं रची जाती हैं।

जब दिल टूटा हो, साथी दगाबाज या झूठा हो,
जब मन के किसी कोने में इक झूठी सच्ची आस भी न हो,
जब किसी भी अपने को तुमपे विश्वास न हो,
तब कविताएं रची जाती हैं।

जब देशप्रेम तुमको भाता हो, जब सुनाता कोई वीरों की गाथा हो
जब राष्ट्र हित, जन हित सर्वोपरि हो और देख के हौसले फौज के
सोया तुम में सिंह उठ जाता हो, तब कविताएं रची जाती हैं।

जब श्रृंगार से प्रीतम को रिझाना हो, उसे मन की बात बताना हो
या राज कोई छुपाना हो, तब कविताएं रची जाती हैं।
जब वात्सल्य से तुम भरपूर हो, द्वेष ईर्ष्या से कोसों दूर हो,
जब निश्चल प्रेम का तुममें भरा नूर हो,

तब कविताएं रची जाती हैं ।

जब घटनाएं तुमको उद्विग्न करे, जब देख के दूसरों का ,मन होता छिन्न भिन्न हो, जब व्यथित करें हालात तुम्हें , जब चलने लगें कुछ सच में , इंसानों से जज़्बात तुम में, तब कविताएं रची जाती हैं।

जब जीत हार का स्वाद तुम्हें चखना हो, जब खुद के बारे कुछ लिखना हो, जब समाज को कोई संदेश देना हो, या किसी भी विषय में स्व देश या विदेश हो, तब कविताएं रची जाती हैं।

कुछ गूढ़ हैं कुछ अल्प हैं , लिखकर भी सब बातें सबको बताई नहीं जाती ।
मात्र कविता नहीं बल्कि दिल की सच्ची भावनाएं हैं ये,
समझ सको तो ठीक, नहीं तो भावनाएं कभी भावार्थ सहित समझाई नहीं जाती।।

# ८. तुम हो

गर वो जताए नाराजगी किसी बात पे तो बस साथ उसके रहो,
ये बताने के लिए कि तुम हो।
जब वो उम्मीद भरी नजरों से देखे तुमको तो चूम लो पेशानी उसकी,
ये समझाने के लिए कि तुम हो।

कई बार जब भर जाती है वो जज्बातों के उफनते समंदर से लबालब,
तो बता दो उसके उमड़े हुए एहसासों के लिए तुम हो।
जब चुप हो जाती है वो अक्सर तो पूछो उसकी खामोशी का कारण,
कि न बोलना उसका दबे तूफान को बुलावा देता है। उसके खामोश
अंदाज को बता दो कि संभालने के लिए तुम हो।।

वो गुजरे जब बुरे वक्त से तो हाथ पकड़ के उसको ये एहसास करवा
दो कि दुनियां में जितने खूबसूरत रंग हैं सब उसके आगे फीके हैं।
महज सफेद और काले से आगे उसकी दुनियां रंगीन बनाने के लिए
तुम हो।

जब डर जाए वो किसी बात से, जब सिर्फ तुम तक अपने राज़ सारे
खोल दे, जब तुमको ये एहसास दिलाए कि उसने खुली किताब की
तरह खुद को तुम्हारे आगे खोल दिया , तो उसको ये यकीन दिलाओ
वो महफूज है हर पल साथ तुम्हारे , उसकी हर बात समझने के लिए ,

उसका हौसला बढ़ाने, उसकी राजदारी बचाने के लिए तुम हो।

साथ दो, हाथ दो छोटी सी तुम्हारी जिंदगी को जन्नत सा संवार देगी वो, वो तुमको किसी सम्राट से न कम आंकेंगी , बस उसको सिर्फ ये बता देना कि किसी भी कीमत पर उसका देय सम्मान दिलाने के लिए तुम हो।।

# 9. किरदार

देखी सबने ऊंचाइयां मेरे मुकाम की,पर किसी ने न देखी गहराइयां मेरे किरदार की, मंजिलों के करीब पहुंचते देखा जब मुझे, सबने लगाए कयास अपने आप से।

किसी ने न सोचा जब चलना शुरू किया होगा तो किस कदर जीवन जिया होगा, सबको दिखी तो बस एक मंजिल दिखी, किसने सोचा के पांवों तले कितने छाले होंगे, कितनी सर्द जिंदगी जी होगी, कितने जहर पिए होंगे और कितना मुंह अपना सिया होगा?
देखा परिणाम सबने बंधते तारीफों के पुल देखे, पर सोचा किसी ने न कि वक्त किस कदर अपने काम को मैने दिया होगा ।।

बहुत आसान होता है यूं उंगलियां उठा देना, कुछ भी बोल देना और फिर नाम उसको महज मजाक का दे देना, दूर बैठ के निर्णय देना आसान होता है बहुत पर पास आ के किसी के जूतों में पांव रख के चलो तो पता चले कि कैसे कोई समंदर होते हुए भी , हालातों के चलते रिया होगा?

उठो, आगे बढ़ो तुम भी अपने जीवन में , किसने मना किया तुमको आगे बढ़ने से , मगर यूं खुद को ऊंचा उठाने में किसी को नीचा गिराना , किसी भी स्तर पर अच्छी बात नहीं।

बुराई भी करो तो इस कदर कि बातों में कुछ वजन लगे, यूं बेतुकी बातें बनाना, किसी को बेवजह नीचे गिराना इतना हल्का तो तुम्हारा भी किरदार नहीं।

जिंदगी के चंद लम्हें मिले हैं, जियो खुद भी औरों को भी जीने दो,
कुछ बनो, उद्यम करो, कार्य को तुम आदित करो,
कीचड़ मत उछालो दूसरों पे, वक्त का तकाज़ा है ये, तुम बस खुद को अब साबित करो।

जितना मिला है तुमको उतना शायद दूसरों को न दिया हो रब ने,
मालिक कि रहमतों का शुक्र कर, उसकी दी हुई रहमत को जज़्ब कर।
होगा कद में तू बहुत बड़ा पर दूसरों के किरदार का तू कुछ तो अदब कर।

# 10. यादें

कहती हूं तुमसे सुन लो जो जीवन का किस्सा है,
यादें हमारी जिंदगी का एक अहम हिस्सा हैं।
कुछ यादें सुनहरी धूप की तरह खिल जाती हैं,
और हमें बचपन की वो भोली सी मुस्कुराहट अपने सामने ही मिल जाती है।

वो खेतों में जा के गन्ने चुराना , वो नानी की चाटी से माखन को खाना,
वो आम के पेड़ों पे झूले झुलाना , जरा सी बात पे यूं ही मुंह फुलाना
और थोड़े से मनुहार से फिर मान जाना।।

सुबह जल्दी उठ करके पढ़ना, वो पापा का मुझको शब्द और धातु रूप मुंह जबानी याद करवाना। पेपर के दिनों में सुबह उठ करके कहीं दोबारा न सो जाऊं, तो मम्मी का बेसबब मेरे पास बैठ जाना।

छोटी सी बातों पे ठहाके लगाना, किसी की भी यूं ही नकल करते जाना, अंग्रेजी की कक्षा में अर्थशास्त्र का पढ़ना और टीचर के पूछने पर बहाने बनाना।

वो टीचर का मुझको देखकर यूं ही मुस्कुराना, और प्यार से फिर मुझे लाला हरदयाल बुलाना , बहुत मेहनतों से पढ़ाई में अपनी जी जान

लगाना और ईश कृपा से परिणाम भी अच्छा आना।।

इक्कीस की उम्र में वो नौकरी का मिल जाना और अठाईस की उम्र में शादी होने पर स्कूल की प्रिंसिपल को शादी में न बुलाने पर उनके हाथ से थप्पड़ खाना।

यहां तक आ गए हम, पर अभी भी वो ख्वाहिशों का दबा आ खजाना,
बहुत याद आता है मुझको गुजरा ज़माना।।

# 11. मेरा दिल

दिल जब भी भरा मैने कलम को उस वक्त उठाया ही नही, अपने
हालात और जज़्बात बयां कर दूं जिसको, ऐसा कोई शख्स मुझे भाया
ही नहीं।

सोचती रहती हूं मैं अक्सर देखकर लोगों की चालाकियां,
अच्छा किया मौला जो तूने मुझको उन जैसा बनाया ही नहीं।

बहुत कहते हैं मुझे मेरे जानने वाले अक्सर
बदल ले थोड़ा खुद को, थोड़ा तन के चल, थोड़ी अकड़ दिखा,
बहुत शुक्र गुजार हूं मालिक की, कि मैने खुद को कभी इस कदर
समझाया ही नहीं।

और बहुत बेचैन हो जाती हूं तो लिख देती हूं कागज पर अपनी
बेचैनियां, कविता, गज़ल, नज़्म में मुझको फर्क समझ आया ही नहीं।।
।
भागते रहते हैं हरदम यूं ही मैं मैं करते सब,
सब कुछ लुटा के भी आदमी ,कभी होश में आया ही नहीं।।

और इस भीड़ भरी दुनियां में हर चीज पा लेना कोई बड़ी बात नहीं,

जद्दोजहद करते रहे हम दूसरों की नजरों में चमकने के लिए
और अपनी नजरों में कभी खुद को खुद से मिलाया ही नहीं।।

# 12. स्वयं आंकलन

जिंदगी यूं ही निकल गई मेरी कुछ इस कदर खुद के मुआयने में,
आज वक्त मिला थोड़ा तो देखा खुद को आईने में,
देखा मैने खुद को आज पूरे होश में,
कहीं से भी कम न लग रही थी, मैं थी पूरे जोश में।।

रफ्ता रफ्ता काट दी जिंदगी जो मैने संभालने में,
कहीं पर भी कुछ भी मेरा नहीं था जब देखा खंगालने में।
फिर सोचा क्यों न खुद के लिए कुछ किया जाए,
बहुत जी लिए दूसरों के लिए अब खुद के लिए जिया जाए।।

उम्र के इस पड़ाव पर अब मैं न किसी से डरती हूं।
कोशिश रहती है मेरी जो मुझको है पसंद
अब वही काम मैं करती हूं।।

आजाद पंछी की तरह खुले गगन में उड़ना चाहती हूं,
मन की अपनी तारों से बेझिझक जुड़ना चाहती हूं।
जिसको जो बोलना है, बोलता रहे।
जीना मुझको है खुद अपने हिसाब से ।

मेरे खिलाफ बोली बातें मेरे लिए बहुत मुख्तसर है,

टूट के, गिर के जीना अब मुझे नागवार है,
हां, मैं कहती हूं कि जिंदगी मुझे तुझसे प्यार है,
जिंदगी के इस अधूरेपन को खुद से प्यार करके मुझे भरना है।
अंतर में बह रहा मेरे इक प्रेम का अविरल झरना है।।

मन कटोचने वालों से अब रखनी मुझको एक विशिष्ट दूरी है,
मेरा अंतः कर्ण मुझसे कहता है , खुल के जी, तू अधूरे होते हुए भी
खुद में पूरी है।।

# 13. भूलना

मान लेती हूं अपनी गलतियां इसलिए भी मैं क्योंकि अक्सर भूल जाने
की आदत का शिकार हूं मैं।
कुछ मासूम चेहरे हैं मेरे आस पास और कुछ उनकी हसीन बातों की
तलबगार हूं मैं।

कुछ रूह की बेचैनियां, कुछ यादों की भरमार, कुछ कड़वी सच्चाईयां
जिनसे मुंह न मोड़ पाऊं मैं और कुछ दिमाग में चलती हुई बातों की
यलगार।।

बहुत बार सोचती हूं मैं क्यों नहीं सब अच्छे से कर पाती हूं मैं,
और सोचते सोचते खुद को एक कटहरे में खड़ा पाती हूं मैं।।

कभी दोषी खुद को मानती हूं और कभी अपनी मासूमियत का
लिहाज भी करना जानती हूं मैं।
कभी आईने में देखूं तो लगता है आखिर क्या ही गलत किया है मैंने
जो जिंदगी को थोड़ा सा अपने हिसाब से जिया है मैंने।।

फिर देखती हूं सब कुछ उलझते हुए, जुबां पे रखे हुए उनके फ़िरकों
को गरम लोहे की तरह सुलगते हुए  और फिर देखती हूं खुद को
उनकी सीसे जैसी बातों से झुलसते हुए।।

थक हार कर खुद के ही सीने में फिर एक खंजर भोंक देती हूं,
मैं जितना भी झुलस जाऊं शब्दों के बाणों से उनके पर फिर भी उस
तपती हुई कटाक्ष अग्नि में खुद को झोंक देती हूं।।

बाहर आने वाले झंझावात से खुद को कुछ इस तरह बचा लेती हूं मैं,
खुद अपने ही अंदर एक बड़ा सा तूफान उठा लेती हूं मैं।।

मान लेती हूं अपनी गलतियां इसलिए भी मैं क्योंकि अक्सर भूल जाने
की शिकार हूं मैं।
कुछ मासूम चेहरे हैं मेरे आस पास  और कुछ उनकी हसीन बातों की
तलबगार हूं मैं।।

# 14. दीवारें मेरे कमरे की

मेरे जाने के बाद अक्सर मेरे कमरे की दीवारें बोलती हैं,
बातें बहुत करती हैं मेरे बारे में , फिर धीरे धीरे से अपने शब्दों को तोलती हैं।

वो कहती हैं मैं जब मौजूद होती हूं कमरे में तो कमरे में जिंदगी होती है, जी उठती हैं सब चीज़ें मेरे होने से और मेरे चले जाने से बेरौनकी होती है।।

वो अक्सर कहा करती हैं कि कितने अरमान इसने दिल में सजा रखे हैं और कितने तूफान अपने सीने में दबा रखे हैं।।

मैं लिखती हूं तो मेरी लिखावट की गवाह होती हैं ये दीवारें
और जब नाचती हूं बंद कमरे में तो मेरे आस पास रोशन हो जाती हैं मीनारें ।।

मेरी कुछ दबी कुचली हुई हसरतों के पुख्ता सबूत हैं इनमें
और मेरे आंसुओं के कितने ही ताबूत हैं इनमें ।।

मेरे सब्र के बारे में बातें बहुत करती हैं,
मैं अगर महसूस करूँ थोड़ा अकेलापन तो मेरा हमदर्द होने का ये दम

भरती हैं।

कुछ बातें करती हैं वो कमरे में पड़े चंद तमगों की भी ,
फिर बातें करती हैं उनके पीछे की मशक्क्त की से कुछ टूटे थके मेरे अंगों की॥

कभी करती हैं बातें मुझसे की गयी विविध चाक चौबन्द की,
फिर बोलती हैं दरो दीवार पे झक सफ़ेद रंग के मेरी पसंद की ॥

कभी बोलती हैं मेरी कल्पना में खुलने वाली इक जादू की खिड़की सी,
पता है उनको मैं हूँ ख्वाबों ख़यालों से में रहने वाली इक साधारण सी लड़की सी॥

बहुत बार टूटे बिखरे भी देखा है मेरी दीवारों ने मुझको,
मालूम है उनको कि टूटना चलेगा मेरा पर झुकना किसी कीमत पर नहीं मुझको॥

उठ के फिर से खड़े होना इन्हीं दीवारों ने सिखाया है मुझे,
मैं अगर डगमगाऊँ तो कैसे संभलना है ये बताया है मुझे।

मेरे जाने के बाद अक्सर मेरे कमरे की दीवारें बोलती हैं,
बातें बहुत करती हैं मेरे बारे में , फिर धीरे धीरे से अपने शब्दों को तोलती हैं।

# 15. बुत तराश

बुत तराश  बुत को गढ़ रहा हो जैसे,
वो देखता है मुझको ऐसी कि पढ़ रहा हो जैसे,
अक्स उसका यूं बस गया मेरे जेहन में , कि नाम लेते
ही उसका कोई खुमार चढ़ रहा हो मुझको जैसे॥

न जाने क्या बात है उसकी शख्सियत में रूह में इस कदर वो झांक
लेता है,
वो मेरे अंदर कि परेशानियों, दर मजबूरीयों से लड़ रहा हो जैसे॥

बहुत बार टोकता है मुझको मेरी नादानियों पर वो ,
लगता है आंच पर रखे कालिख से भरे बर्तन को रगड़ रहा हो जैसे॥

उसकी आमद से ही मेरी ज़िंदगी में हो जाती है रौनक,
और उसके आने से पहले कोई सूखा पत्ता दरखत से झड  रहा हो
जैसे॥

कुछ मैं भी गुरूर करती हूँ उसके इश्क़ उसके साथ का,
कुछ एहतराम करता है वो भी मेरी मौजूदगी का ,
लगता है कभी यूं भी मुझको , मेरा साथ पाकर , मुझे ज़िंदगी में लाकर
अकड़ रहा हो वो जैसे॥

लम्हा लम्हा, रफ्ता रफ्ता चल रही है ज़िंदगी,
और हर पल को संभालता , हर लम्हे को महसूस करता
वक़्त के उन हिस्सों को वो पकड़ रहा हो जैसे॥

बुत तराश  बुत को गढ़ रहा हो जैसे,
वो देखता है मुझको ऐसी कि पढ़ रहा हो जैसे॥

# 16. इक किताब

किसी ने कहा मुझको कि गर तू लिखना तो अपने जीवन के संघर्षों की इक किताब जरूर लिखना।
जितना मैंने तय किया हर उस पल का हिसाब जरूर लिखना।

सोचा मैने भी इस बारे में कि हां कभी इस बात का मैंने अवलोकन ही नहीं किया, मेरे संघर्षों का मेरे रास्तों का कभी अनुमोदन ही नहीं किया।

लिखूंगी कि मेरे वक्त ने मुझको कितना बदला है,
और लिखूंगी मैं बदले हालात में मेरे अपनों का मिजाज कितना बदला है।

लिखूंगी हार्बो ख्वाब जो मैंने देखा है, लिखूंगी अपने हर जज़्बात, हर बात और अपने सब रिवाज लिखूंगी।
मैं हर पन्ने पर अपना अंदाज लिखूंगी, जो कब से दब गई थी मेरे अंदर वो आवाज़ लिखूंगी।

जो सोचती हूं मैं सबको बेहतरीन मिले, ऐसा इक असल में सभ्य समाज लिखूंगी, बनावट के लहजों को शहद में डुबो कर जो कहते कुछ और करते कुछ और हैं,

उन सबको इकतरफा करके मैं अपने पाकीज़ा अल्फ़ाज़ लिखूंगी।।

आयात पढ़ने के लिए धर्मों की इजाज़त नहीं चाहिए जहां,
मैं वो सूफ़ी इक नमाज लिखूंगी।

शोर ओ गुल से परे जो मन के तार छेड़ दे, खुद को मैं ऐसा इक साज
लिखूंगी, ताजमहल जो खुद के लिए बनाए और बादशाहों को जो
सजदे पे मजबूर कर दे, मैं खुद को ऐसी मुमताज लिखूंगी।।

ताउम्र लाजवंती का पौधा रही, सुन के बातें सहती रही,
अब गुंचे जो खिले हैं फूलों के साथ
मैं उनमें खुद को कांटों वाला इक खूबसूरत सा गुलाब लिखूंगी।।

ज़र्रा रही जमीन पे हरदम मैं, ज़र्रा हो रहूंगी हमेशा ही ,
पर रब की मेहरबानी से आसमानी अपनी दास्तां में खुद को मैं कभी
आफताब तो कभी मेहताब लिखूंगी।।

हां, मैं अपने जीवन के संघर्षों पर इक किताब लिखूंगी,
जितना भी मैंने तय किया है , हर उस पल का हिसाब लिखूंगी।।

# 17. अपनी कहानी

अपनी कहानी लिखने के लिए तुम कभी भी देर से नहीं हो, दूर नहीं हो।
मत सोचो नकारात्मक चीजें , बताओ सबको स्वाभिमान है तुम्हारा, तुम मगरुर नहीं हो।।

सोचो मत घबराओ मत कि सब भाग रहे हैं और तुम पीछे रह गए
काट तो रहे सब जिंदगी और जिंदगी जीने का राज़ तुम सबसे कह गए।

जिंदगी तुम्हारी सही राह पर जा रही है, जो गीत तुम कब से गुनगुनाना चाहते हो , वही गीत अब गुनगुना रही है।

याद रखो, स्वयं के बारे कि तुम अपने आप में अदभुत हो, अद्वितीय हो, तुलना करके स्वयं को कमतर क्यों आंकते हो, तुम अपने आप में अविजितीय हो।।

धीरे धीरे कतरा कतरा खुद को विकसित होने दो,
खुलो तुम, खिलो तुम खुद को कुदरत के बाग में पल्लवित होने दो।

किसी से द्वेष करना, किसी को नीचा दिखाना ग़लत है,

तुम स्वयं ही अधूरेपन में भी पूर्ण हो, किसी से कोई होड़ नहीं है।
अरे भई, जिंदगी है प्रतियोगिता नहीं, खुल कर जिओ कोई दौड़ नहीं
है।।

ईर्ष्या, द्वेष, अहंकार, लालच से ऊपर उठो, इनसे तुम संबंधित नहीं हो,
दूसरों के हिसाब से क्यों जीते हो जिंदगी अपनी, तुम किसी के साथ
अनुबंधित नहीं हो।।

# 18. जीत

चलते चलते राह में मोड कई बार आए,
टूटते, थकते चलते रहे हम भी यूं ही, भले ही तोड़ने को हौसला
लोग सौ हजार आए।

कोई नहीं देखता कि कितना थके हो तुम,
भले ही सब करते करते हो जाओ रास्तों में तुम गुम।

करो कोशिशें भले ही नाकाम हों, पर याद रखना
जितनी भी करो कोशिश उनमें जिंदगी का सार तमाम हो।

फूंक दो जान अपनी जितनी भी है उसमें,
चाहे फिर उस काम का जो भी अंजाम हो।
ये जरूरी नहीं कि कोशिश तुम्हारी नामचीन हो,
पार लाज़िम है निहायत की पिछली से वो बेहतरीन हो।।

टूटने की हद तक जब पहुंच जाओ तो दूसरे की हर बात मत मान
लेना, खुद को आवाज देकर अपना ही हाथ थाम लेना।
मुश्किल समय में कोई किसी का नहीं ये जान लेना।
उस वक्त दूसरों की बातों से ज्यादा अपनी क्षमताओं पे ध्यान देना।।

जीतने वाले का नाम सब याद रखते हैं, हारने वालों से दुनियां अंजान है, पर गिरना, उठना, संभलना और फिर से दौड़ना इसी में तो इंसान की शान है।

जीतने वालों को ही सलाम करना इस दुनियां की रीत है, उलाहनों, तानों से घबराना मत, बस डर के बिल्कुल आगे ही तो जीत है।।

# 19. कोशिशें

सबको खुश रखने की कोशिशें हमने तमाम की,
हर पल इक नए ज़ख्म को ले कर चलते रहे, मरहम लगाने की वजह
बिल्कुल ही नाकाम थी।

जिस जिस को अपना समझा हमने, उसी ने भर भर के कोसा
बेतहाशा हमको, अपनों की फौज में कोई ऐसा न था, जिसने अपने
हिसाब से न तराशा हमको।।

खुद किए क़त्ल पर इल्जाम हम पर है लगाया,
या खुदा कौन सी मिट्टी से तूने हमको है बनाया।

सौ दफा चुप रहे, इल्जाम भी यूं ही सहते रहे,
बेगुनाह हो के भी तिल तिल यूं ही मरते रहे,
अब बुलंद हो गई आवाज हमारी, अब बस और न सहेंगे
जिंदा है अब तक खुद्दारी हमारी।।

बना वो कांच का था छन से जिस दिल को तूने तोड़ दिया
अब जी ले जी भर के तू, जा हमने भी तुझको छोड़ दिया।।

जाम कितने भी पिए आंसुओं के , याद आया कि उनमें तू ही तो साकी

था, थोड़ा तो सब्र कर लेते कि दिल में तेरे मुख्लिस होने का भरम बाकी था।

कितनी सफाई से तूने मेरे कत्ल को अंजाम दिया,
और मैं भी ऐसी पागल कि उस धोखे को भी मैने तेरी चाहत का था नाम दिया।।

अब उस दौर में हूं जहां न तेरी ख्वाहिश है न तेरी आरज़ू,
खुश रह तू अपने बनाए गुलिस्तां में , मुझको हर महल से बढ़कर है मेरी आबरु।।

मुख्लिस = दोस्त

# 20. मोहब्बत

जैसे तुम करते हो इतनी शिद्दत से मोहब्बत कौन करता है,
देखे हैं कई चांद तारे, धरती पे लाने वाले लोग,
पर हकीकत में हर कदम साथ रहने का दम कौन भरता है।।

बहुत आशिक हैं यहां जो सिर्फ सूरत पे फिदा होते हैं,
कौन कमबख्त है जो महबूबा के नाखूनों तक पे मरता है।।

और भी बहुत हैं जो गुरूर में आकर रिश्तों को खराब करते हैं।
कौन ऐसा मासूम है जो महबूबा का दिल तोड़ने से डरता है।।

इस जिंदगी में बहुत सारे ऐसे शख्स देखे हैं जो इश्क तो कर लेते हैं सिर्फ जिस्म तक, कौन ऐसा नादान है जो इश्क के रूहपोश होने तक पूरी दुनियां से लड़ता है।।

नाम लेना हो गर महबूब का तो गलीज़ शब्दों का अंत नहीं है लोगों के पास, अरे ये इश्क में महबूब को अपना घर परिवार कौन कहता है।।

मोहब्बत नाम है पाकीज़गी का, वो रिश्ता जो रूह को रूह से जोड़ देता है, करते हैं लोग अपनी अहमियत दिखाने को, पर ये मानना कि

इस जहां की हर खुशी देने के लिए , खुदा ने भेजा है मुझको दुनियां में सिर्फ तेरे लिए, पूरी सच्चाई से ऐसा भला इस जहां में कौन कहता है।।

# 21. ज़रूरी

कौन क्या है आपका, किसके कितने हैं आप इन एहसासों के मायने
होना बहुत ज़रूरी है।
जिंदगी को सही से जीने के लिए जिंदगी में दायरे होना बहुत जरूरी
है।

फैसले फासलों से बेहतर होते हैं , जिन भी रिश्तों में
जीते हैं हम अक्सर उन रिश्तों में कितनी नजदीकियां
कितनी दूरियां हैं ये अंदाजा लगाना बहुत जरूरी हैं।

दूर होकर भी हम कितने करीब होते हैं,
पर एक छत के नीचे कितनी दूरियां हैं ये दिल को समझाना बहुत
जरूरी है।
इक मुट्ठी ख्वाहिशों की अपने मनपसंद शख्स के आगे जो खोल दें
हम, तो कितने खुद के और कितने उस शख्स के हैं , हम ये एहसास
दिलाना बहुत जरूरी है।

इक दौर औरंगजेब का था और इक दौर सिकंदर का भी था,
खाली हाथ आए थे वो और खाली हाथ हम भी चले जाएंगे
ये बात मन को समझाना बहुत जरूरी है।

ईंटों पत्थरों के बस मक़ान हुआ करते हैं,
चंद दीवारों की इमारत में मोहब्बत और खुलुस से भरे लोग जो
हों तो उस मकान को घर कहलाना बहुत जरूरी है।

और हाथ न जाने कितनों से मिलाते हैं हम ,
हाथों से तकदीर कहां बदलती हैं ।
हाथों से ज्यादा दिल को दिल से मिलाना बहुत जरूरी है।।

# 22. वो इक शख्स

इक शख्स है जिसको अपना बनाने को दिल करता है,
वो एक ही है सारी दुनियां में जिसकी कही हुई हर बात
अपनाने को दिल करता है।

वो जब कह दे चंद लफ्ज़ मेरी तारीफ में तो,
बिन बात गुनगुनाने को दिल करता है।
रूठ जाए जो गलती से भी वो तो सारी दुनियां को
ताक पे रख के सिर्फ उसको मनाने को दिल करता है।।

मालूम है मुझको अच्छी तरह से , उसकी जिंदगी में
कुछ तो मायने हैं मेरे भी,
तभी तो तकदीर से लड़कर उसके हाथों की लकीरों में
उतर जाने को दिल करता है।

मानती हूं ज्यादा वक्त नहीं निकल पाता इस भाग दौड़ भरी जिंदगी में,
पर फिर भी दिल की हर बात , अपना हर राज़ उसको बताने को
दिल करता है।।

आतिशी तहरीर है, हम दोनों के लिए भले ही जमाने की और से,
फिर भी उस शख्स के साथ अपना रूहानी आशियां बनाने को दिल

करता है।।

मसरूफियत रहती है बेहद, चुपचाप बैठता है काम के बोझ में वो इस कदर,
कि हर छोटी सी बात पर उसको यूं ही बेसाख्ता हंसाने का दिल करता है।।

बिखरे थे हम जमाने के जुल्मों सितम से, एक उसके आ जाने से,
जिंदगी में फिर से संवर जाने को दिल करता है।।

छोड़ चुके थे झुकना, बेहद नरमी से जो पायदान समझे गए हम,
वो इस कदर आया मेरी जिंदगी में, कि उसके सज़दे में झुक जाने को दिल करता है।।

# 23. दर्द

मुझको मेरे दर्द की नुमाइश अच्छी नहीं लगती,
हो कैसा भी इंसान एक आदत पे उसकी जिंदगी का फैसला
हम जो कर देते हैं, ऐसी आजमाइश मुझे अच्छी नहीं लगती।

हम है, हमें भी खुल के जिंदगी जीने का ,
पर खोलता है परिंदा खुले आसमां में उड़ने को,
हो इंसा या हो परिंदा, खुल के जीने पे उसके कोई बंदिश
मुझे अच्छी नहीं लगती।।

विचारों का ही तो मतभेद होता है सबमें अक्सर,
मन का हो तो अच्छा है, न हो मन का तो , आपसी रंजिश मुझे अच्छी
नहीं लगती।।

बढ़ते हुए कदम और बहता हुआ पानी ही साफ होता है।
रुक जाएं अगर सब और फितूर हो दिमाग में
ऐसी जुंबिश मुझे अच्छी नहीं लगती।।

मसला हो गर किसी बात पे तो तूल नहीं देते,
वाजिब जो होते हैं, जिक्र बार बार करके मसलों का
राई का पहाड़ बना लेते है जो लोग,

उनकी ऐसी दानिशी मुझे अच्छी नहीं लगती।।

गलत को गलत न कह सके जो,
खिलाफ सच के बोल के जो हाथ थाम ले औलाद का,
ऐसी परवरिश मुझे अच्छी नहीं लगती।।

दूसरों को नीचे गिरा के खुद को ऊपर उठाना,
अक्स खुद का न देखना अपना और हैसियत दूसरों को
बताना उनकी, ऐसी ख्वाहिश मुझे अच्छी नहीं लगती।

मुझको मेरे दर्द की नुमाइश अच्छी नहीं लगती,
हो कैसा भी इंसान एक आदत पे उसकी जिंदगी का फैसला हम जो
कर देते हैं, ऐसी आजमाइश मुझे अच्छी नहीं लगती।।।

# 24. दिखावा

वहां भी दिखावे की हंसी हंसते हैं लोग, जहां चीखने को मन करता है,
समझ में नहीं आता कि लोग कभी खुल के रोते क्यों नहीं हैं।
अक्सर सोचती हूं मैं कि लोग जैसे दिखते हैं वैसा होते क्यों नहीं हैं।।

उम्रों का सामान लिए बैठे हैं , फकत चंद सांसें मिली हैं उधार की
सबको, ये अपने कर्मों की खेती में चंद बीज अच्छाइयों के बोते क्यों
नहीं हैं?

चलो माना हरेक के लिए जिंदगी के मायने कुछ अलग होते हैं,
पर जो हो गई गलतियां माफी साफ दिल से मांग कर
अपनी गलतियों को पाक दिल की गंगा में धोते क्यों नहीं हैं।।

जैसा दिखते हैं लोग, वैसा असल में होते क्यों नहीं हैं ?
भागम भाग लगी है सबको, दो पल का आराम नहीं,
संतुष्टि से, चैन से हम सब सोते क्यों नहीं हैं??

कुछ तो भरोसा मालिक पे कर लो,
दुनियादारी में उलझे रहते हो हरदम,
क्यों हम दुनियां बनाने वाले की मोहब्बत में खोते नहीं हैं ??

चलो माना जमाने भर का बोझ कांधे पर है तुम्हारे,
इतनी बड़ी सी दुनियां में फिर बोझ असल में हम अकेले ही
सबका क्यों ढोते नहीं हैं ??

# 25. फूल कुमारी

जन्म दिन की वर्षगांठ पर उसका मन था हर्षाया,
प्यार मिलेगा, उपहार मिलेगा, विचारों के अतिरेक से
उसने अपने मन को था भरमाया।
आए जो सजन घर शाम को तो आंगन को उसने था पूरा सजाया ।
गले में बाहें डाल के सजन ने प्रेम भाव फिर दर्शाया।।

आते ही बोले मेरी प्यारी फूल कुमारी, मेरे प्रेम की तुम इकलौती
अधिकारी, थक के आया हूं , दस्तरखान बिछा दो, भूख बहुत लगी है
ज़रा जल्दी से खाना लगा दो।

ये सुनकर फूल कुमारी गुस्से से लाल पीली हुई
मिजाज उसका देख कर सजन की पेंट जरा ढीली हुई।।
बोली आज के दिन तो जरा खाना वाना रहने देते,
कुछ तो हमें भी खास होने का भरम करने देते।।
स्थिति भांपते ही बोले सजन जी, नाराज न हो मेरी
फूल कुमारी, जल्दी से बढ़िया कपड़े पहनो और करो
बाजार जाने की तैयारी ।।

ले गए जल्दी से उसको फिर साड़ी की इक दुकान पर बोले
जब तक पसंद न आए , आज न घुसेंगे हम घर।

बोले सेल्समैन को जा के सबसे सुंदर साड़ी दिखलाओ,
जितनी महंगी वाली हैं सारी एक साथ ही ले आओ।।

देखते ही साड़ी बोली फिर फूल कुमारी,
अरे ये रंग तो सब मेरे पास हैं, कोई नया कलर तुम
दिखलाओ, महंगे वाले फैब्रिक की गुत्थी भी जरा तुम सुलझाओ ।

सेल्समैन बोला अरे क्या बात करती हैं बहन जी,
हमारी दुकान की साड़ियां बहुत दूर दूर तक बिकती हैं,
थोड़ी महंगी तो होती हैं पर लंबे समय तक चलती हैं।।

बोला देखिए ये सुर्ख लाल रंग की साड़ी कितनी सुंदर है,
ये हरी तो बहुत कमाल की है, और पीली पर जो
काशीदाकारी की है वो सारी हमारे कारीगर जमाल की है।।

फूल कुमारी बोली नहीं चाहिए कुछ नॉर्मल कुछ तड़कता फड़कता
दिखलाओ,
मोहल्ले में मुझे देखकर सारी किट्टी मेम्बर जल जाएं
भाई ऐसा कोई डिजाइन दिखलाओ।।

सेल्समैन का रोज का काम था , समझ गया कि मैडम को चढ़ी
खुमारी है और बेचारे सजन की जेब कटने की पूरी तैयारी है।
बोला देखिए मैडम ये फिरोजी आप पे खूब जंचेगी,
इसको पहन के कोई आपके सामने नहीं टिकेगी।
और ये नीली तो बस कहर ढाएगी, आपको देखने के बाद नजर किसी
और की तरफ नहीं जायेगी।।

लाल तो जैसे माशा अल्लाह बनी ही सिर्फ आपके लिए है,
जरा देखिए तो फूल मोती से बने हैं और पत्ते तो चांदी की
तारों से सिये हैं।
पीली तो देखिए कितनी खिली खिली है और देखिए ये जमुनी तो
सिर्फ इस फैब्रिक में आपको ही मिली है।
काली को तो नजर भर के देखिए, कितनी सुंदर साड़ी ये वहिनी
है, और अपने शायद देखा न हो, नागिन के लेटेस्ट एपिसोड में नागिन
ने यही साड़ी तो पहनी है।

सुनकर फूल कुमारी खुश होकर फिर इतराई,
बोली पैक कर दो , बस काली ही मेरे मन को है भाई,
सजन ने बेबस होकर फिर देखा सेल्समैन को बिल की बाबत
वो बेचारा समझ गया था कि आ गई सजन की अब शामत।।

बोला आइए भाई साहब बिल काउंटर पर देना है,
मैडम को वहीं रहने देना, उन्हें ब्लाउज का नाप भी तो देना है।
सजन बेचारे चल दिए सेल्समैन के संग,
देख रहे थे जो बेचारे पिछले 2 घंटों से अनगिनत साड़ियों के रंग।

बोले बताइए ब्लाउज फॉल के इलावा और क्या काम हमें करने हैं
श्रीमती जी को साड़ी दिलवाने के कितने पैसे भरने हैं
सेल्समैन बोला हंस के आपने दो घंटों में बहुत सहा,
अब ठंडा पानी पीजिए , साड़ी ज्यादा महंगी नहीं मात्र दो हजार ही
दीजिए।।।

फिर वो बोला पता नहीं क्यों शॉपिंग के नाम पर पतियों का माथा
ठनक जाता है, पर इतनी सारी लेडीज के चेहरे पे स्माइल देख के

अपना तो दिन बन जाता है।
भारतीय अर्थ व्यवस्था चाहे हो न हो चाक चौबंद,
साड़ी हमेशा रहेगी भारतीय स्त्रियों की पहली पसंद।।

थोड़ा नाराज़ जब तुमसे हो जाएं , तुम प्यार से नाजों नखरे इनके उठा
लो, एक तो गोल गप्पे खिला दो दूसरा एक सुंदर सी साड़ी दिलवा दो,
साल भर में दो ही साड़ी से काम चला लेती हैं , तुम्हारा घर संसार
चलाने को अपना पूरा जीवन दे देती हैं
इनके मिजाज की तरफ बस थोड़ा सा ध्यान दो,
ज्यादा कुछ नहीं चाहिए इन्हें बस थोड़ा प्यार और थोड़ा देय सम्मान
दो।।

# 26. ओए ओए

दफ्तर में आई एक नई नवेली उच्च अधिकारी , बोलती आंखें,
मुस्कुराते होंठ और भोली सूरत बड़ी ही प्यारी।।

पहले ही दिन जब कार्यभार संभाला ,
अगली पिछली सारी फाइलों को अच्छी तरह से खंगाला।।

पी ए को बुला कर बोली इन फ़ाइलों की गुत्थी सुलझाओ, जितने भी
कर्मचारी हैं अभी सब को अन्दर मीटिंग पर बुलवाओ।।

एक एक करके आए सारे खिसियानी बिल्ली सी बन के,
दुबके बैठे थे सारे एक साइड में, चूंकि धूप आ रही थी छन के।।

मैडम ने पूछा आ गए सारे, कोई पीछे तो नहीं रह गया, देख कर
बोलने ही लगे थे, तभी आ गया जी कहके वो आया जिसे सब कहते
थे कि वो भावनाओं में बह गया।।

मैडम बोली परिचय दो सब , सब अपना नाम बताने लगे , बारी आई
जब उसकी सब ओए ओए चिल्लाने लगे।।

मैडम बोली चुप रहो सब , आप अपना परिचय बताइए , किस सीट

पर हैं , क्या करते हैं आप अपनी फाइल दिखाईए।।

हंस के बोला कि प्रीतम नाम है मेरा,
हार्ट सेक्शन में रहता हूं , पहले सबकी देख लो आप फाइलें फिर मैं
अपनी बारी मैं कहता हूं।।

मैडम बोली, आप अपनी कास्ट बताइए, सरनेम से आपको बुला सकूं
कुछ ऐसा मुझको सुझाइए।।

वो बोला जी, जान सरनेम है मेरा
आप जान ही कह के बुलाइए
फ़ाइलों के अलावा कोई और काम
हो तो वो भी मुझको बताइए।।

मैडम बोली, कोई निकनेम भी रखा होगा घरवालों ने, उठा लो टेबल
साफ करवा दो घिरा हुआ जो चाय के प्यालों से।।

बोला जी, घरवाले मुझको प्यार से बालम कहते हैं, घरवाले तो करते
ही हैं प्यार मुझे, पड़ोसी भी प्यार में मेरे ही घर पे रहते हैं।।

सकपकाई सी मैडम बोली अरे मोहल्लेवाले भी कुछ तो तुम्हें कहते
होंगे, एक आध तो मान लिया, सारे थोड़े न तुम्हारे घर पे रहते होंगे ।।

जी प्यार से साजन नाम दिया है मुझको मोहल्लेवालों ने ,
जिस भी गली से निकल जाऊं मैं ,
रास्ता रोक ही रखा होता है ,मेरे कुछ होने वाले सालों ने।।

मैडम को अब गुस्सा आया बोली ,
एक तो ढंग का नाम भी होगा क्या,
इस आशिकी के इलावा तुम्हें आता कोई और भी होगा क्या।।

ख़ुजाते हुए सर वो मासूमियत से बोला जी आपको कैसे पता लगा,
वो जो प्रेम गली, खोली नंबर 420 में रहती है, वो ही मुझको प्यार से आशिक कहती है।

मां तो उसकी मुझे देखकर थोड़ा सियाना कहती है, पर बाप की प्रतिक्रिया देखकर वो मुझे पागल दीवाना कहती है।।

झल्लाई सी मैडम बोली बस बस जो भी नाम हो तुम्हारा दफ्तर वालों का ही दिया नाम सटीक है,
मुझे कुछ भी कहकर नहीं बुलाना, तुम्हारा नाम दफ्तर में ओए ही ठीक है।।

# 27. दावत ए इश्क

लड़का लड़की मिले बाजार , बातें उनमें हो गईं चार, कॉफी पी,
सैंडविच खाया,
क्या दावते इश्क है ?

सुनें किसी के ताने न,कहना किसी का माने न, साथ जब हों तो sad songs कभी गाएं न, क्या ताकत ए इश्क है।।

हर तरफ नूर महबूब का, हर समय उसकी याद, हर लम्हा तारीफ उसकी, लगता उन्हें क्या आयत ए इश्क है।।

हरेक अदा एक दूसरे की भाए उन्हें, बेबी, शोना, बाबू बुलाए उन्हें , आंखों में,हाथों पे बिठाए उन्हें , क्या आदत ए इश्क है।।

अम्मी अब्बू माने न, भाग के शादी कर लें फिर, कमाई का जरिया कोई न, राशन पानी आए न, सोचें फिर ,क्या आफत ए इश्क है।।

कभी बिंदी, कभी सुर्खी, कभी साड़ी, कभी सूट तो कभी सैनिटरी नैपकिन, दूसरों के सामने चर्चा करवाया जाए न, साल में बच्चा हो गया एक, दूध,दवा, डायपर, कपड़े खर्चा उठाया जाए न, क्या शामत ए इश्क है।।

असली इम्तेहान तो गर्दिश में होता है अक्सर। हाथ छोड़े न, साथ छोड़े न, लगता है तभी पता क्या वास्ते ए इश्क है।।

सच में समझें एक दूसरे को, सहारा बनें एक दूजे का, इज्जत,प्यार, आपसी समझ हो तभी कह सकते हैं कि राहत ए इश्क है

# 28. चिलचिलाती धूप

चिलचिलाती धूप थी, गर्मी थी अत्यंत, घर में घुसते ही लाल पीले हो
गए श्री मंत , बोले इत्ती गर्मी क्या भई जो दिन रात फ्रिज और ए सी
चलाते हो, करना धरना कुछ है नहीं, मात्र बिजली का बिल ही बढ़ाते
हो?

इतना सुनते ही बीवी धीरे से बुदबुदाई , काहे चिल्लामचिल्ली करते हो,
ए सी वाले बड़े बड़े मात्र दो ही बिल तो साल में भरते हो ।
श्री मंत कहां थे कम बोले ,घर चलाने का तरीका अब मैं तुमको
बतलाता हूं, कैसे बचत कर सकते हैं हम अब मैं तुमको सिखलाता हूं।

अरे बचपन में हमने भी ऐसी कितनी आंख मिचौली खेली है,
ये भी कोई गर्मी है हमने इस से ज्यादा गर्मी झेली है,
बोले गर्मी की ऐसी तैसी कैसे करनी है अब तुमको बतलाता हूं,
एक नहीं कितने तरीके गर्मी से बचने के मैं तुमको सिखलाता हूं।।

और फिर श्री मंत जी एक दिन चले गए बाजार में खरीदने को घड़े,
बोले मिस्टर मुझको दिखला दो जो साइज में हैं सबसे बड़े।।

इतना सुनते ही मिस्टर उनपर ऐसे झल्लाया,
दूर खड़ा था लेकिन पूरे जोर से उन पर चिल्लाया

असल में घड़े वाले की बीवी अगले ही काउंटर पर खड़ी थी,
थी तो थोड़ी नाटी सी पर क्षेत्रफल में थी थोड़ी ज्यादा बड़ी।।

श्री मंत बोले गोल हों पूरे , क्षेत्रफल बड़ा हो,
मोटाई भी हो पूरी सही ,आगे वाली टोटी में लीकेज
कहीं पर हो नहीं।

उधर काउंटर पर खड़ी वो महिला पहले ही गोल मटोल थी,
तुतला कर अपनी बात कह रही थी , एक तो नाटी ऊपर से मोटी और
नाक भी उसकी बह रही थी।।

मिस्टर जो उनपर झल्लाया था , बात को सुनकर तमतमाया था,
उसने कान पर रखकर धर दो दिए, और श्री मंत बेचारे सोच में पड़
गए कि मिस्टर ऐसा क्यों किए?

कॉलर पकड़ा जोर से झटका, श्रीमंत को जमीन पे पटका
लचक गई कमर, बन गया फालूदा , घड़े खरीददारी का प्रोग्राम बीच में
लटका , श्री मंत बेचारा बीच बाजार में अटका।।

घर आए बोले हाय हाय तौबा मेरी, अब न खरीद दारी मैं करता
ए सी, फ्रिज चाहे रहे दिन रात चलता, मैं उनका बिल रहूंगा भरता।।

कारनामे उनके पहले ही घर पहुंच चुके थे कि श्री मंत जी कहां रुके
थे, बीवी ने मुंह में अपनी हंसी दबाई, बोली करवा आए जग हंसाई
मैने तो पहले ही मना किया था मत खरीदने जाओ घड़े

झटके लटके कितने लगे देखो बाजार में तुमको खड़े खड़े

कहना मानते ए सी में बैठते , घर पे हैं शेर बाहर बिल्ली
काहे नहीं तुम वहां लड़े, आखिर में मुरम्मत अपनी करवा
कर ही माने हमारे प्यारे श्री मंत पी के गिरपड़े।।

www.ingramcontent.com/pod-product-compliance
Lightning Source LLC
Chambersburg PA
CBHW070646240926
51846CB00003BA/807
*9789375274711*